Un poulain au club

BIOGRAPHIE

L'auteur : **Dagmar H. Mueller** est née en 1961. Elle a grandi à Hambourg et a suivi des études d'allemand et de sciences du sport. Elle a exercé plusieurs professions avant de réaliser son rêve : écrire ! Elle vit avec son fils entre l'Angleterre et l'Allemagne. Tout comme son héroïne, elle est passionnée par les chevaux.

L'illustratrice : **Isabelle Maroger** est née en 1979. Elle a passé son enfance à gribouiller, commencé des études d'art, puis fini par entrer à l'école Émile Cohl à Lyon. Elle illustre des livres pour enfants et des magazines féminins en créant des images graphiques qui donnent le sourire.

Illustrations intérieures et couverture : Isabelle Maroger

Roman originellement paru aux éditions Egmont SchneiderBuch, sous le titre :
Fiona ist im Fohlenfieber

Cet ouvrage a été proposé à l'éditeur français par l'agence Editio Dialog, Lille

Dépôt légal : juillet 2011
ISBN : 978-2-7470-3648-1

Loi n° 49-956 du 16 juillet 1949 sur les publications destinées à la jeunesse

Fanny au poney-club

Un poulain au club

Dagmar H. Mueller

Traduit de l'allemand
par Anne Bideault

bayard jeunesse

Fanny, 9 ans, est une petite fille passionnée par les chevaux. Mais ses parents n'ont pas les moyens de lui payer des cours d'équitation. Grâce à la compréhension de la directrice du club équestre des Trois hiboux, elle fait son apprentissage avec son poney préféré : Zébulon.

Les héros de cette histoire

Fanny : enthousiaste et débrouillarde, elle ne ménage pas ses efforts pour réaliser son rêve : monter à poney. Elle est toujours prête à rendre service et à progresser.
Marine : la copine de Fanny. Tantôt sympa, tantôt chipie, Marine n'est pas toujours commode.
Robin : Taquin, il aime bien embêter Fanny. Peut-être même a-t-il un petit faible pour elle !
Charlotte : la grande sœur de Marine. Gentille et généreuse, elle aide Fanny à réaliser son rêve et adore aussi les chevaux.

M. et Mme Petit : les propriétaires du club des Trois hiboux, et parents de Robin.
M. et Mme Legrand : les parents de Fanny.

Zébulon : le poney dont s'occupe Fanny.
Diabolo : le poney de Marine.
Madison : le cheval de Charlotte.

Mme Petit
Charlotte
Fanny
Robin
Marine

1

Certains matins, dès le réveil, on sent que la journée va bien se passer. C'est dimanche, il fait beau, il y a des crêpes au petit déjeuner, Fanny n'a pas de devoirs à faire, et surtout, elle va passer toute la journée au poney-club. Oui, vraiment, il y a des jours comme ça où tout roule. Des jours de chance. D'ailleurs, lorsque Fanny enfourche son vélo pour aller chez Marine, tous les feux sont au vert. Un air de printemps lui chatouille le visage. Elle est vraiment excitée de retourner au club.

Devant la maison de Marine, Fanny tombe sur sa grande sœur, Charlotte, qui est super sympa. Elle l'aide à ranger son vélo au garage. Charlotte se moque :

– Tu as gagné au loto, ou quoi ? Tu n'arrêtes pas de sourire !

Non, Fanny n'a pas gagné au loto. Elle a juste tiré le gros lot le jour où Mme Petit lui a confié Zébulon. Zébulon, le poney dont elle s'occupe. Le plus beau poney du monde ! Mais aujourd'hui, Fanny sent qu'il va se passer quelque chose. Ce n'est pas possible autrement : la journée a tellement bien commencé !

Charlotte continue à la taquiner :

– Ou alors, tu es folle de joie à l'idée de passer une heure dans le fumier, à ramasser du crottin de cheval à la pelle jusqu'à en avoir mal au dos ?

Fanny rit. Bah ! C'est rien, ça ! En vrai, ça lui fait même plaisir de nettoyer les box des poneys, pour les rendre propres et confortables.

Zébulon la remercie toujours en soufflant un bon coup, lorsqu'elle le reconduit dans son box après avoir changé sa litière. Il

renifle la paille fraîche avec attention et secoue la tête de satisfaction. À cette pensée, Fanny sourit. C'est drôle, quand même. Parce que quand Maman lui demande de ranger sa propre chambre, ça l'ennuie profondément ! Alors que remplir la brouette à la fourche puis aller la vider sur le tas de fumier, c'est autre chose…

Charlotte reprend :

– Tu es complètement folle ! Folle de poney !

Fanny acquiesce en riant. C'est vrai ! Tout le monde devrait être fou de poney, non? D'ailleurs, Charlotte adore le poney. Ou plutôt le cheval. D'ailleurs, elle possède depuis longtemps son propre cheval, un alezan qui s'appelle Madison. Pourtant, Fanny a l'impression que Charlotte est de moins en moins passionnée. Elle s'occupe toujours aussi bien de Madison, le monte toujours aussi souvent. Mais ces derniers temps, une fois qu'elle l'a ramené au box, elle traîne dans la sellerie avec les autres. Alors qu'avant, elle passait des heures assise dans le box de Madison.

Il faut dire qu'il y a quelques semaines, M. et Mme Petit ont installé dans la sellerie un vieux canapé et quelques fauteuils confortables. Assis là-dedans, entouré par les selles, les filets et tout le matériel, on est super bien ! Ça sent bon le cheval et le cuir. Un salon de rêve. Normal que tout le monde aime s'y retrouver.

La maman de Marine sort de la maison.

– Bonjour Fanny ! Je sors la voiture du garage, et on file.

Le mardi soir, le jeudi et le dimanche, Fanny va au club de poney. Elle fait la route avec Marine et sa sœur. Heureusement, parce que ses parents à elle travaillent beaucoup, et n'auraient pas le temps de la conduire. Le club est à l'extérieur de la ville, à la campagne. Là où commencent les prés et les bois, et où l'on peut faire de longues promenades en plein air. En tout cas, c'est beaucoup trop loin pour que Fanny y aille en vélo.

La porte du garage s'ouvre, et Mme Joubert sort la voiture en marche arrière. Où est donc Marine ? Fanny s'impatiente. Elle a tellement hâte de retrouver Zébulon ! Peut-être qu'il l'attend, lui aussi, et guette son arrivée à travers les barreaux de son box ! Qu'est-ce qu'il est mignon ! Rien que de penser à lui, Fanny ne peut s'empêcher de sourire.

Marine sort enfin de la maison. Fanny lui

jette un regard prudent. Car le problème, avec Fanny, c'est qu'on ne sait jamais de quelle humeur elle sera. Parfois, elle est super sympa et très drôle, et elles passent de bons moments ensemble à l'école ou au club. D'autres fois, il faut bien le dire, Marine est une vraie petite peste. Et dans ces cas-là, il vaut mieux l'éviter. Donc Fanny se méfie. Mais aujourd'hui, c'est vraiment un jour de chance : Marine semble d'excellente humeur ! Elle salue sa copine en disant :

– Hé, Fanny, tu crois pas qu'on pourrait faire une balade, cet après-midi ? Le temps est magnifique !

– Bonne idée, répond Fanny. J'espère que Mme Petit nous le permettra.

Il ne faut pas oublier que Zébulon n'appartient pas à Fanny, mais à M. et Mme Petit. C'est un poney d'apprentissage : il est monté par tous les enfants qui apprennent l'équitation. Fanny ne peut pas en disposer comme bon lui semble.

– Je suis sûre qu'elle nous donnera l'autorisation de sortir, affirme Marine en montant dans la voiture. Surtout si on propose à Robin de nous accompagner avec Cheyenne.

Robin est le fils de M. et Mme Petit. Cheyenne, son poney, est bai. C'est le garçon le plus sympa que Fanny connaisse. Rien à voir avec ceux de sa classe et leurs blagues idiotes !

La voiture démarre. « Ah ! songe Fanny, si je pouvais être la fille des propriétaires d'un club d'équitation... » Sauf que, dans ce cas, elle ne serait pas la fille de ses propres parents... Quelle horrible pensée ! « Enfin, il a quand même bien de la chance, Robin ! »

– Il me semble que vous n'avez pas le droit de sortir de l'enceinte du club tout seuls, intervient la mère de Marine. Il faut toujours qu'il y ait un adulte avec vous, non ?

Elle a raison. Fanny, Marine et Robin sont encore trop jeunes pour partir en balade seuls.

– Tu pourrais peut-être aller avec eux,

reprend Mme Joubert en se tournant vers Charlotte, assise à ses côtés. Tu es assez grande, toi.

Charlotte a déjà quinze ans.

– Moi ? bafouille Charlotte. Euh… j'ai d'autres choses à faire.

– Ah bon ? s'étonne sa mère, quoi donc ?

Fanny est surprise, elle aussi. Que peut-on avoir à faire un dimanche ? Charlotte bredouille :

– Je… je… je voulais prendre le temps de passer tout l'harnachement de Madison à l'éponge puis au savon glycériné. Ça fait longtemps que je ne l'ai pas fait.

Mme Joubert l'observe du coin de l'œil avec surprise.

– Et tu choisis précisément la première belle journée de printemps pour faire ça, alors qu'il y a eu tant de jours de pluie cet hiver ?

Charlotte grogne et se tourne vers la vitre sans répondre. « Elle veut certainement retrouver ses copains dans la sellerie », pense Fanny.

Les champs et les prés défilent le long de la route. Le ciel bleu est parsemé de tout petits nuages blancs. À cette vue, Fanny retrouve aussitôt sa bonne humeur: dans quelques minutes, elle sera avec Zébulon. Elle va le panser et le seller. Puis ils feront une balade. Peu importe que Charlotte soit de bonne ou de mauvaise humeur! Ça lui est même complètement égal, parce qu'aujourd'hui c'est certain, c'est son jour de chance. Elle est sûre qu'il va se passer quelque chose. Elle le sent dans son ventre, qui la chatouille comme quand elle faisait de la balançoire, petite. Fanny a envie de crier de joie. Youhou! C'est génial de faire du poney! Elle se retient. La mère de Marine serait tellement surprise qu'elle risquerait de freiner d'un coup sec et de provoquer un accident.

2

La voiture de Mme Joubert franchit le portail du club et pénètre dans la cour. Fanny, Marine et Charlotte s'étonnent : un van est garé au milieu de la cour. Il est grand ouvert, le pont est baissé, on voit de la paille à l'intérieur. Un cheval ou un poney a dû en sortir il y a peu de temps. À moins qu'il n'y monte dans pas longtemps… Fanny sent son cœur se serrer. De temps en temps, il arrive que Mme Petit vende un poney du club. Elle avait même voulu se séparer de Zébulon, le poney préféré de Fanny. Si Fanny n'était pas intervenue pour le sauver, Zébulon ne serait plus au club !

En voyant ce van dans la cour, Fanny s'inquiète de nouveau pour Zébulon. Se pourrait-il qu'un jour, elle arrive au club, et qu'il ne soit plus là ? Elle ose à peine descendre de la voiture. Si c'est ça, son jour de chance, c'est nul !

Marine, elle, n'a pas l'air de se faire du souci. Normal, Diabolo lui appartient. Mme Petit ne peut pas le vendre. Elle tire Fanny par la manche :

– Allez, viens ! Allons voir ce qu'il se passe !

Elle claque sa portière et inspecte la cour. Rien. La cour est aussi vide que le van : pas un cheval, ni personne. Mais la porte de l'écurie des poneys est ouverte.

– Ils doivent être à l'intérieur, reprend Marine en se tournant vers sa copine. Ben alors, qu'est-ce que tu fabriques ? Tu restes plantée là ?

Marine court vers l'écurie sans attendre Fanny. Elle se retourne à peine pour faire un signe à sa mère.

– Tu n'y vas pas, Fanny ? s'étonne Mme

Joubert. Tu n'es pas curieuse de savoir pourquoi un van est garé dans la cour ?

Entretemps, même Charlotte s'est dirigée du côté des poneys, alors que d'habitude, elle disparaît tout de suite dans l'écurie des chevaux, où se trouve le box de Madison.

– Oh..., marmonne Fanny en haussant les sourcils.

– Allez, vas-y ! l'encourage la mère de Marine, tu ne vas tout de même pas passer l'après-midi dans la cour ?

Non, bien sûr. Mais pour l'instant, Fanny a les genoux qui flageolent, tellement elle a peur qu'on emmène Zébulon loin d'elle. Le visage sombre, elle préfère ne pas bouger. Peut-être que si elle attend un peu, ses jambes retrouveront leur état normal ?

– Bon, reprend Mme Joubert. À toi de voir. Moi, je dois filer. Je reviens vous chercher ce soir. Amusez-vous bien !

– À tout à l'heure, articule Fanny en se forçant à sourire poliment.

Fanny entend une porte claquer derrière elle. Elle fait volte-face et voit Robin sortir de sa maison, traverser en courant la cour pour se diriger vers l'écurie des poneys.

– Salut Fanny ! lui crie-t-il gaiement. Viens voir ! Dépêche-toi ! Maman a acheté un nouveau poney !

Un nouveau poney ? Acheté ? Cela veut dire qu'elle n'en a pas vendu un ancien... Ouf, Fanny sent qu'on lui enlève le poids qu'elle avait sur l'estomac. À son tour, elle se presse vers l'écurie : pas question qu'elle rate l'arrivée d'un nouveau poney !

Dans l'écurie règne une grande agitation. Tout le monde veut voir le nouveau venu. Marine et Charlotte ont réussi à se faufiler devant. Fanny aperçoit juste leurs têtes. Mais elle entend la voix de Mme Petit, la mère de Robin.

– Écoutez, ça suffit maintenant ! Vous lui faites peur ! Reculez ! Je ne peux même pas atteindre le box ! Vous reviendrez après, quand il sera bien installé.

Chacun obéit en marmonnant. Juste à ce moment, le poney se retourne et botte avec ses deux postérieurs. Boum ! Les petits

sabots claquent contre la paroi en bois. Marine pousse un cri. Elle a eu le réflexe de sauter de côté. Sinon, c'est elle qui aurait reçu le coup de sabot.

– Reculez ! s'énerve Mme Petit.

Le poney tire sa tête vers le haut. Comme le groupe s'est dispersé, Fanny peut enfin regarder attentivement la bête. C'est un poney pie : comme la pie, il a des taches noires et blanches. Il fait peur, avec ses yeux écarquillés !

« Un vrai cheval sauvage, pense Fanny. Encore plus excité que Tambourin ! »

Le poney secoue avec vigueur son licol pour s'en libérer. On dirait que ça ne lui plaît pas beaucoup ici ! Fanny a presque pitié. Peut-être qu'il n'est pas aussi méchant qu'il en a l'air ? Peut-être a-t-il tout simplement peur ? Ça se comprend. Dans un endroit nouveau, Fanny serait intimidée, elle aussi. Sauf qu'elle ne donnerait pas des coups de botte, elle !

– Éloignez-vous, les enfants ! ordonne Mme Petit à Fanny, Robin, Marine et

Charlotte. Je ne voudrais pas que l'un d'entre vous soit blessé.

Elle a vraiment du mal à retenir le poney.

– Maman, répond Robin, Fanny et Marine viennent juste d'arriver. Les autres sont restés plus longtemps qu'elles. Nous n'avons qu'à nous mettre dans le box d'à côté, il est vide. Ça ne craint rien.

– Bon, d'accord, accepte Mme Petit. Mais fermez la porte de l'intérieur.

Fanny, Robin, Marine et Charlotte se glissent dans le box et pressent leurs visages curieux contre les barreaux, au-dessus de la cloison en bois.

Le poney semble se calmer un peu, maintenant qu'il y a moins de monde autour de lui. Pourtant, impossible de le faire rentrer dans son box. Campé sur ses quatre sabots, il refuse d'y entrer. Et lorsqu'il ose faire quelques pas, il finit toujours par faire un bond en arrière sans prévenir.

– Bon sang de bonsoir, souffle même Mme Petit en faisant la grimace.

Le poney vient de lui écraser le pied.

– On ne va pas y arriver, reprend-elle. À moins de recourir aux services de quelqu'un qui sait chuchoter à l'oreille des chevaux.

Elle jette un regard à Fanny. C'est vrai qu'une fois, tout le monde, y compris Mme Petit, avait été surpris par le talent de Fanny pour se faire comprendre des chevaux*.

Mais aujourd'hui, Fanny n'a pas vraiment envie de retenter l'expérience. À l'époque, il s'agissait de Zébulon. Ce nouveau poney, Fanny ne le connaît pas du tout et il lui semble même dangereux.

– Voyons voir…, réfléchit Mme Petit tout en tenant fermement le poney. Robin, file à la réserve et rapporte quelques carottes. Je ne connais pas un poney qui ne soit pas gourmand !

Robin sort du box et revient quelques instants plus tard avec une poignée de carottes. Il les glisse dans la mangeoire du nouveau pensionnaire à travers la grille du box vide.

---

*Lire Fanny au poney-club n°3, La leçon de poney.

Le poney dresse les oreilles. Mme Petit sourit :

– Une petite faim, peut-être ?

Le poney avance sa tête et renifle. En le voyant, Fanny se souvient qu'on lui a expliqué que l'odorat des chevaux est plus développé que leur vue. L'animal semble enfin vaincre sa peur. Il fait quelques pas hésitants en direction de la mangeoire, nez tendu.

Sa position en est presque comique. Fanny étouffe un rire. Robin met l'index sur ses lèvres, pour dire chut. Le moindre bruit effraierait le poney qui reculerait hors du box. En silence, les quatre spectateurs observent donc le nouveau venu qui avance lentement vers les carottes. Ça y est, il atteint la mangeoire, y plonge la tête sans hésiter. Puis on n'entend plus que ses dents qui mastiquent.

« Bon appétit ! », pense Fanny.

3

Mme Petit ferme la porte le plus doucement possible. Le poney relève brièvement la tête, sans sursauter. Les carottes ont l'air de lui plaire, et l'écurie ne l'effraie plus. Il continue de manger sans se laisser déranger.

– J'ai l'impression qu'elle se sent mieux, dit Mme Petit, soulagée.

« Tiens, pense Fanny, c'est donc une femelle, une ponette. »

– Pour cette nuit, nous allons la laisser là, poursuit Mme Petit. Demain, nous verrons si elle ose aller au pré. Elle m'a l'air d'être bien intimidée, la pauvrette !

– Tu crois qu'elle a a été maltraitée, auparavant ? demande Robin.

– Peut-être… on dirait qu'elle ne fait pas confiance aux hommes, en tout cas, répond sa mère.

Elle explique qu'elle l'a achetée sur une foire aux chevaux. On ne sait jamais d'où viennent les bêtes. Elle lui laissera le temps nécessaire pour s'habituer, et elle précise que, de toute façon, personne ne la montera avant l'automne.

– Pas avant l'automne ? Pourquoi si tard ? s'étonne Fanny.

– Tu ne vois pas qu'elle est énorme ? réplique Robin.

Ça, Fanny l'a remarqué. Elle n'a même jamais vu une aussi grosse ponette. C'est bizarre : son ventre est tellement rond sur les flancs qu'on dirait qu'il sort. Ça lui donne une drôle de forme.

Et si les propriétaires précédents l'avaient trop nourrie ? Parfois, cela arrive, lorsque les gens ne savent pas quelle nourriture donner aux chevaux, ni quelles quantités. Et pour un cheval, c'est grave. Certains en sont même morts. C'est peut-être la raison pour laquelle Mme Petit ne veut pas qu'on la monte avant l'automne : il lui faudra tout ce temps-là pour retrouver un poids normal et pouvoir supporter un cavalier sur son dos.

– Est-ce qu'on va la mettre au régime pour qu'elle maigrisse ? demande Fanny.

– La mettre au régime ?

Mme Petit la regarde, interloquée.

– Surtout pas ! Dans son état, il faut qu'elle mange !

Fanny ne comprend pas. Mme Petit voudrait-elle engraisser cette ponette ? Entre temps, les enfants sont sortis du box d'à côté et observent la petite jument qui mange. Charlotte pose une question à son tour :

– C'est pour quand, en fait ?

Fanny ne comprend pas le sens de la question. Mais Mme Petit répond sans quitter la ponette des yeux :

– À vue d'œil, je dirais... probablement dans quelques jours. Je fais venir le vétérinaire demain et il nous dira ça avec plus de précisions.

Charlotte hoche la tête. Mais Fanny, elle,

nage en plein brouillard. De quoi s'agit-il ? Que va-t-il se passer dans quelques jours ? Il faut qu'elle sache.

– Qu'est-ce qu'elle a, en fait ? finit-elle par demander Fanny timidement.

– Ce qu'elle a ? Tu ne le vois pas ? Mais elle est pleine ! sourit Mme Petit.

Pleine ? Fanny n'a jamais entendu dire que les poneys étaient pleins ou vides ! Elle ose :

– Pleine de quoi ?

Cette fois-ci, Mme Petit éclate de rire et explique :

– Quand une jument attend un poulain, on ne dit pas qu'elle est enceinte, mais qu'elle est pleine.

Enceinte ? Oups ! Fanny se sent bête, vraiment très bête.

– Tu ne pouvais pas savoir ! la rassure Mme Petit comme si elle lisait dans ses pensées. Tu as bien fait de poser la question.

Cela n'empêche pas Marine de glousser bêtement. Fanny la fusille du regard : comme si elle le savait, elle ! Tout à coup, Robin s'écrie :

– Vous avez vu ? Là, quelque chose a bougé ! Dans son ventre ! Je l'ai vu : une grosse bosse sur le côté. Maintenant, elle a disparu.

– C'est le poulain qui gigote, explique Mme Petit.

– Ou bien il s'entraîne déjà à botter, ajoute Charlotte. Pour faire comme sa maman !

Tout le monde rit. Seule Mme Petit grimace un peu :

– J'espère que ce n'était que la timidité du début... Sinon, je me demande bien ce que nous allons en faire : impossible d'utiliser un poney pareil pour faire monter des débutants !

Pensifs, les enfants regardent la ponette, toute calme dans son box.

– Madame Petit, comment s'appelle-t-elle, en fait ? demande Charlotte.

– Bonne question. Ce n'est pas un cheval de race, et elle n'a pas de papiers. Je l'ai achetée parce qu'elle me plaisait et que je trouve ça intéressant d'avoir un poulain au club. L'éleveur ne m'a pas donné son nom. À nous de choisir !

– Génial, s'enthousiasme Robin. Que pensez-vous de « Oiseau de feu » ?

– « Oiseau de feu » ? Mais t'es malade ou quoi ? réplique Marine. « Oiseau », pour un poney, ça ne va pas, la tête ?

– C'est vrai que ça irait mieux à un avion, ajoute Charlotte. Un avion rapide et bruyant !

Robin est vexé.

– Pffff, vous n’avez qu’à proposer d’autres noms, mesdames je-sais-tout !

– C’est ce qu’on fait, le taquine Marine. Que dites-vous de « Princesse » ?

Robin lève les yeux au ciel.

– C’est ça, oui, « Princesse Coup de Sabot », tant qu’à faire ! Super nom, qui lui va comme un gant. Bravo, les filles !

Marine croise les bras et se retourne en soufflant : « Idiot. » Sa grande sœur lui donne un coup de coude :

– Eh, ça ne va pas ? Tu ne supportes pas la plaisanterie ?

Fanny intervient avant qu’éclate une vraie dispute entre Marine et Robin :

– Je trouve qu’on devrait lui donner un nom indien. Ça lui irait bien, non ? Elle a les couleurs d’un apaloosa et le caractère d’un mustang…

– Euh… intervient Charlotte, elle est un peu petite, par contre, pour être un cheval indien, mais pourquoi pas ?

Mme Petit est d’accord et Robin propose à nouveau « Oiseau de feu » :

– Je vous assure que c'est un nom indien, je l'ai lu dans un livre !

– Idiot, murmure encore Marine, mais un peu moins fort.

– Je trouve que ce n'est pas une mauvaise idée, dit Fanny courageusement. Elle semble bien avoir un tempérament de feu ! Mais « Oiseau de feu » est un nom masculin. Nous avons besoin d'un nom de fille.

Tout le monde réfléchit. Robin se risque le premier :

— Pourquoi pas « Nuage d'orage » ?

Fanny se met à rire.

– C'est vrai que ses taches blanches sur sa robe peuvent faire penser à des nuages.

– Mais pas à des nuages d'orage, désapprouve Marine.

– Oui, mais elle a aussi des taches noires, comme des nuages noirs ! répond Charlotte. En tout cas, « Nuage d'orage », ça fait très indien.

– « Nuage d'orage », répète Mme Petit, pensive. Pas mal ! Un nuage qui apporte l'orage… même si ce sont ses sabots qui font un bruit de tonnerre, et ses yeux qui jettent des éclairs. Oui, c'est plutôt rigolo, comme nom. Le choix est fait !

Avec une craie, elle trace les lettres sur la porte du box.

– Demain, je ferai mettre un écriteau à son nom.

Au même moment, au bout du couloir, apparaît la monitrice, Valérie.

– C'est donc ici que vous vous cachez tous, s'écrie-t-elle. Je pouvais attendre longtemps dans le manège !

Mme Petit regarde sa montre :

– Oh, Valérie, c'est entièrement de ma faute. Les enfants n'y sont pour rien, nous nous occupions de la nouvelle ponette. Nous avons complètement oublié l'heure du cours.

Elle se tourne alors vers Robin, Marine et Fanny :

– Dépêchez-vous ! Allez vite préparer vos poneys ! Méthode express ! Je vous donne dix minutes pour rejoindre les autres élèves dans le manège.

– À tout à l'heure, Nuage d'orage ! Bon appétit !

Fanny file en se demandant comment elle va y arriver. Elle n'a même pas salué son Zébulon aujourd'hui !

4

Fanny stoppe devant le box de Zébulon tout essoufflée :

– Salut Zébulon !

Le poney gris lève la tête, surpris : d'habitude, sa maîtresse prend son temps. Que se passe-t-il aujourd'hui ? Fanny ouvre la porte et se glisse dans le box. Elle plonge son visage dans la crinière. Zébulon baisse la tête, tout calme. Mais quelques secondes plus tard, il hennit doucement et s'ébroue.

– Tu veux que je m'en aille ? demande Fanny, un peu vexée.

Ça n'a pas l'air d'être ça. Zébulon semble impatient. Normal : Fanny ne lui a encore rien donné à manger, alors qu'elle lui apporte toujours des friandises. Et puis, Zébulon est resté toute la matinée enfermé dans son box. Il a envie de sortir, et de faire quelque chose d'un peu plus excitant !

– Oui oui, j'ai compris, dit Fanny en fouillant dans la poche de son anorak.

Elle en sort quelques granulés qu'elle donne à son poney. En une seconde, il les engloutit, et paraît encore plus pressé après. Sa cavalière passe sa main sous son toupet noir et le chatouille :

– Tu veux sortir, hein ?

Comme s'il avait compris, il secoue la tête. Fanny se dépêche, elle court à la sellerie, en revient avec tout le matériel. « Jamais un poney n'a été étrillé aussi vite et bien », pense Fanny avec fierté. Elle lui brosse vigoureusement le dos, lui cure les pieds l'un après l'autre, pose la selle sur son dos avec délicatesse, lui enlève le licol pour lui passer le filet. C'est parti ! Quand ils arrivent à la porte du manège, Fanny se rend compte que Robin et Marine ont déjà rejoint les autres cavaliers.

– Je peux ouvrir ? crie-t-elle par-dessus la porte.

– C'est bon, répond la petite Manon, qui vient juste de passer devant.

Fanny ouvre le battant et mène Zébulon jusqu'au centre de la piste, où elle met enfin le pied à l'étrier.

Valérie a l'air de mauvaise humeur. Elle déteste quand les élèves sont en retard et quand elle n'est pas contente, elle ne peut pas s'empêcher de leur lancer des piques : « tu montes comme un sac de pommes de terre », « on dirait un poteau sur un cheval »... Mais finalement, le cours se passe très bien. Robin, Marine et Fanny s'appliquent. Tous se tiennent droit sur leur selle, descendent correctement leurs talons et amortissent les mouvements des poneys avec souplesse. On se croirait presque à un concours de dressage ! Même Valérie est impressionnée :

– Pas mal, concède-t-elle. Pas mal du tout. Et maintenant, vous allez prendre le galop les uns après les autres.

C'est Caro qui commence, sur Polie Coquette. Puis Robin sur Cheyenne et Marine avec Diabolo. Fanny et Zébulon s'en sortent très bien aussi. Nadine et Chipie, suivies de Sophie et Kiwi leur succèdent d'un petit galop très régulier. Quels progrès depuis le début de l'année ! Valérie n'a pas à se plaindre de son groupe ! Jusqu'à ce que ce soit au tour de Manon, qui monte l'indomptable Tambourin.

Tambourin donne toujours l'impression de trouver le cours trop lent et de s'ennuyer. C'est comme s'il se disait : « quand ce sera mon tour, je vais me faire plaisir. »

Et c'est exactement ce qu'il fait : il part ventre à terre au grand galop. La petite Manon n'a que le temps de s'agripper à la crinière. Ce n'est plus du tout l'ambiance concours de dressage, mais plutôt le rodéo ! « À croire que tous les poneys noir et blanc du club sont des excités », pense Fanny en retenant son souffle.

– Oooooh ! Ooooooh là ! dit Valérie d'une voix calme.

Ça a l'air de plaire à Tambourin qui galope de plus belle. Il parcourt le manège dans tous les sens comme un fou. La pauvre Manon ! Ce ne serait pas la première fois que son poney la mettrait à terre. Mais Manon connaît Tambourin par cœur. Tant bien que mal, elle réussit à rester en selle sur son poney emballé.

– Raccourcis tes rênes, lui crie Valérie.

C'est un peu trop demander… Manon a déjà fort à faire : elle se cramponne à la selle et à la crinière. Heureusement que Tambourin ne s'amuse pas à ruer en plus ! D'habitude, il prend un malin plaisir à le faire. Après trois tours de manège, il semble bien parti pour continuer. Mais cette fois-ci Valérie se met en travers de son chemin. Lentement, les bras en croix, elle avance vers lui. Tambourin ralentit son allure et finit par s'arrêter juste devant elle. Les oreilles en avant, il la regarde venir à sa rencontre. Lorsqu'elle fait mine de saisir son filet, il tente un écart. Mais la monitrice est plus rapide que lui. Elle attrape les rênes et

le retient. Tambourin résiste quelques instants encore, puis il finit par s'arrêter.

– Tout va bien ? demande gentiment Valérie à Manon.

– Oui, oui, lui répond une petite voix.

Manon redresse sa bombe sur sa tête, reprend ses rênes et se rassoit plus profondément en selle.

– Bien, dit Valérie, en lâchant Tambourin.

Comme si de rien n'était, Tambourin obéit aux ordres de sa cavalière et rejoint les autres dans la file.

Robin sourit. Et Fanny sait exactement ce qu'il pense : « Tambourin est incorrigible, il ne changera jamais ! »

5

Après le cours, Marine s'arrête à la sortie du manège.

– Alors, on va faire une balade ?

Fanny lève la tête : le ciel est magnifique. Enfin du soleil après un hiver long et morne ! Ça donne vraiment envie.

– Je peux venir avec vous ? demande Robin. Cheyenne ne refuserait pas un peu de sport supplémentaire.

Marine boude encore. Nuage d'Orage ne s'appelle pas Princesse... Elle fait la tête et ne répond pas. Mais Fanny déclare :

– Il faut de toute façon l'autorisation de ta mère. Si ça se trouve, Zébulon est inscrit pour le cours suivant. Dans ce cas, je ne peux pas sortir.

– Ben vas-y, dit Robin. Maman est à la maison. Je te tiens Zébulon en attendant.

Fanny court jusqu'à la maison de la famille Petit. Elle sonne. Mme Petit lui ouvre et ne voit pas d'inconvénient à leur projet de promenade :

– Mais il faut qu'un grand vous accompagne. Charlotte, peut-être ?

Fanny se précipite vers les écuries, jusqu'au box de Madison. Mais Charlotte n'y est pas. « Elle est sûrement fourrée dans la sellerie… avec les autres », pense Fanny. Gagné ! Charlotte est là, enfoncée dans le canapé, à chuchoter avec Selma et Aya. Dans les fauteuils, en face, sont installés David et un autre garçon. Ils sont plongés dans la lecture d'un magazine d'équitation. Sauf que Fanny voit bien qu'ils ne lisent pas du tout, mais qu'ils observent les filles du coin de l'œil.

« Pffff, pourvu que je ne devienne pas comme eux… Ils ne s'intéressent qu'à leur nombril, et plus du tout aux chevaux ! Nul ! », pense Fanny sans oser parler. On dirait que personne ne l'a remarquée, et à chaque fois qu'elle se retrouve avec les grands, elle se sent intimidée. Charlotte pourrait quand même lui adresser la parole, non ?

– Charlotte, finit-elle par prononcer.

– Charlotte, répète-t-elle un peu plus fort.

Tout le monde lève la tête et la regarde.

– Euh… ben… en fait, hésite Fanny, on voudrait partir en promenade, Robin, Marine et moi, et, euh… on voulait te demander si tu pouvais nous accompagner.

Charlotte n'a pas l'air emballée :

– Une autre fois, je n'ai pas très envie aujourd'hui.

Fanny baisse la tête, déçue. Elle a rarement l'occasion de sortir avec Zébulon : d'habitude, il est toujours monté par des élèves !

– Je viens avec vous, moi ! dit tout à coup David en se levant de son fauteuil. Sinon je vais finir par m'endormir.

Fanny le regarde, interloquée. David, le

STA
PONEY

grand David, viendrait avec eux ? Il a au moins seize ans !

– Ben quoi, reprend David en rigolant, vous ne voulez pas de moi ?

– Si, si ! le rassure Fanny avec empressement.

Elle sent qu'elle devient toute rouge. C'est vrai qu'elle ne parle pas si souvent avec des grands ados ! Mais elle trouve quand même la force d'ajouter :

– C'est super sympa que tu viennes.

– Je vous rejoins dans cinq minutes, dit David. Je dois juste seller Kariba, et j'arrive.

Fanny part retrouver Robin et Marine.

– David vient avec nous, leur crie Fanny de loin. Charlotte n'avait pas envie.

– David ? répète Robin, surpris.

– C'est pas bien ? s'inquiète Fanny.

– Si, si, super ! la rassure Robin.

Marine fait une drôle de tête, elle aussi. Et soudain, elle est super pressée. Elle tend les rênes de Diabolo à Fanny :

– Attendez-moi, je vais chercher un truc, marmonne-t-elle avant de filer vers son casier.

Car chaque cavalier a un casier où il peut entreposer son matériel : brosses, cure-pied, gants…

Lorsqu'elle revient du fond du couloir, quelque chose a changé chez elle. Mais quoi ?

— Tu n'avais pas une autre barrette, tout à l'heure ? demande Fanny, un peu confuse.

On dirait que Marine s'est recoiffée. Malgré le vent qui l'ébouriffera dès qu'elle sortira du bâtiment. Et puis cette deuxième barrette, sur le côté… c'est un peu exagéré, non ?

« Bizarre, pense Fanny. Marine se fait chic comme si on allait au théâtre… »

– Qu'est-ce qui te prend ? remarque aussi Robin. Tu imagines que nous allons croiser un prince charmant ou quoi ?

Marine devient rouge comme une pivoine. Et vexée comme un pou.

– Ce ne sont pas vos oignons ! s'énerve-t-elle. J'ai bien le droit de me recoiffer, non ?

Robin rigole.

« On dirait que Robin a visé juste » observe Fanny.

Bien sûr, Marine n'imagine pas rencontrer un prince de conte de fées dans le bois ou dans le pré. Mais peut-être qu'elle s'attend vraiment à voir apparaître une sorte de prince, ici. Un vrai, sur un beau destrier ?

Le voilà justement, le prince. Il tient son poney blanc par les rênes.

– On y va ? demande-t-il en souriant.

Et voilà Marine qui lui adresse un grand sourire, un de ceux que l'on ne peut faire qu'à un prince :

– Est-ce que je peux monter à tes côtés ?

– Bien sûr, répond David, pas de problème.

– Au secours ! souffle Robin à Fanny.

Il lève les yeux au ciel avec une telle mimique qu'elle manque d'éclater de rire.

Tout le monde se met en selle et se dirige vers le petit sentier forestier.

La nature est magnifique ! Ça sent bon, les arbres sont couverts de bourgeons vert tendre. Fanny prend une inspiration. Quel bonheur de monter à cheval dehors, plutôt que de rester en ville, un beau dimanche comme ça !

Marine a l'air heureuse, elle aussi. Ce n'est pas l'air du printemps qui semble la réjouir, mais plutôt la présence de David, à qui elle sourit sans cesse. Ça commence à être agaçant.

Profitant d'un moment où Fanny et lui sont derrière, Robin tapote sa tempe de son index : « elle est folle, ou quoi ? », semble-t-il dire. Fanny hoche la tête : complètement d'accord ! Qu'est-ce qui lui prend ?

6

La promenade est très agréable. Même si Marine n'a d'yeux que pour David et n'accorde aucune attention à ce qui l'entoure. Et même s'ils sont cinq et non pas quatre, comme au début. Car tout compte fait, Charlotte les a rattrapés avec Madison au bout de la grande piste.

– J'ai changé d'avis, a-t-elle déclaré simplement.

– Super, a répondu David, en souriant vraiment comme un prince.

Marine, elle, n'avait pas du tout l'air contente et a immédiatement cessé de sourire. Charlotte a essayé de se glisser entre

David et sa sœur, alors que le chemin est juste assez large pour deux chevaux, et ça a rendu Marine furieuse. Fanny l'a bien remarqué.

Au début du pré où l'on peut galoper, David s'est arrêté :

– Je propose qu'on se mette les uns derrière les autres. Charlotte la première, et moi pour fermer la marche, OK ?

– OK, a répondu Marine, en manœuvrant pour se retrouver avant-dernière, alors que d'habitude, elle fait toujours tout pour être devant.

– Viens, Marine, qu'est-ce que tu fais ? a demandé Charlotte. Mets-toi juste derrière moi.

Marine a fait la sourde oreille et a pris le galop après Robin et Fanny, juste avant David.

Maintenant, ils avancent au petit trot en lisière de forêt. Cela fait déjà une heure qu'ils sont en chemin et ils vont bientôt regagner le club.

« Une journée parfaite », songe Fanny.

« Dommage que Charlotte et Marine n'arrêtent pas de se chamailler pour savoir laquelle sera à côté de David ! »

Enfin, pour une fois que ce n'est pas avec elle que Marine est désagréable... C'est bien la première fois ! Bizarre... Charlotte n'est pas comme ça, d'habitude. Elle est toujours calme et sympa. Aujourd'hui, elle cherche vraiment la dispute. Fanny a presque de la peine pour Marine.

Lorsqu'ils arrivent à l'écurie, ça continue :

– Fais attention à Diabolo, s'écrie Charlotte, il a failli m'écraser le pied !

– Tu n'as qu'à pas rester plantée là, répond Marine du tac au tac, en poursuivant son chemin.

« Aïe aïe aïe, ça va être sympa, dans la voiture, au retour », pense Fanny, contente de se retrouver seule avec Zébulon.

Elle lui cure les pieds avec attention.

– Bien, bien, bien, entend-elle alors derrière elle.

C'est Robin, toujours moqueur ! Fanny lui sourit. Elle n'est plus gênée comme au

début, quand elle ne savait jamais où il allait surgir. Et puis elle trouve que ses taquineries sont sympas, la plupart du temps.

– Vraiment bien, la félicite Robin, en lui tendant un paquet de chewing-gums. Tu fais ça tellement bien que tu ne devrais pas t'arrêter là… Petite Étoile et Polie Coquette sont dans les boxes juste à côté et…

– T'as qu'à le faire, toi, l'interrompt Fanny en lançant son cure-pied dans sa direction.

Il évite le projectile qui atterrit dans l'allée

de l'écurie. Bling ! Une voix retentit immédiatement :

– C'est quand même incroyable !

Zut ! Mme Petit ! Pourquoi fallait-il qu'elle soit dans le couloir à ce moment-là ?

– Qui se permet de lancer des cure-pieds à travers l'écurie, s'il vous plaît ? On peut savoir ? demande-t-elle, les poings sur les hanches.

Très embarrassée, Fanny se lève derrière Zébulon. Elle bafouille :

– Euh… c'est moi, euh, j'ai pas fait exprès, euh… il m'a glissé des mains.

– Glissé des mains, voyez-vous ça…, répète Mme Petit pendant que Robin réprime un sourire. Il n'y a rien de drôle, enchaîne-t-elle en se tournant vers son fils. Si ce cure-pied vole sans faire exprès dans ta direction, c'est bien qu'il y a une raison, non ?

Cette fois, c'est Fanny qui sourit. Enfin, elle préfère baisser la tête et regarder le sol en tripotant ses tresses. Du moins jusqu'à ce qu'elle aperçoive du coin de l'œil un sourire furtif sur les lèvres de Mme Petit.

– Vous savez bien qu'il ne faut rien lancer dans les écuries, reprend Mme Petit, d'une voix adoucie. Et moi qui voulais juste vous demander si vous ne vouliez pas faire du baby-sitting…

Robin en avale presque son chewing-gum. Fanny croit avoir mal entendu : Mme Petit attend-elle de la visite avec de jeunes enfants ou des bébés ? Pitié, le baby-sitting, c'est pas son truc… Elle n'était pas du tout à l'aise quand elle avait dû garder la fille de Claire, la copine de sa mère.

En voyant leurs têtes effarées, Mme Petit se met à rire :

– Oui, du baby-sitting. Pour un petit à quatre pattes. À vrai dire, je ne sais pas si c'est une fille ou un garçon.

– Ouf !, soupire Robin, tu m'as fait peur, maman.

– Alors, qu'est-ce que vous en dites ? recommence Mme Petit.

– Vous voulez dire…, hésite Fanny, quatre pattes… ça ne peut être que… vous voulez dire baby-sitter pour un poulain ?

– Bien sûr ! Qui d'autre ? Les chatons de l'écurie s'en sortent très bien tout seuls !

Fanny croit rêver : elle a déjà la chance de s'occuper de Zébulon, et on lui propose même d'être la baby-sitter d'un poulain ? Un tout petit poulain super mignon ? Enfin, super mignon, on verra bien, puisqu'il n'est même pas né. Mais Fanny en est sûre : un poulain, c'est ce qu'il y a de plus mignon au monde !

Perdue dans ses pensées, elle reste sans rien dire debout devant Mme Petit. Elle en oublie même de tripoter ses tresses. Mais Robin, lui, siffle entre ses dents :

– Cool, vraiment cool !

Mme Petit les met en garde :

– Comme je vous l'ai dit, je pense que c'est pour bientôt. Et un poulain demande beaucoup de travail. Qu'en pensez-vous ? Oui ou non ?

– Marché conclu, déclare Robin.

Mme Petit et son fils se tournent vers Fanny, toujours muette.

– Alors, Fanny, qu'est-ce que tu en dis ? répète Mme Petit. Dis quelque chose !

– Youhou ! s’écrie enfin Fanny en sautant en l’air.

Zébulon est tellement surpris qu’il hennit doucement.

7

Au retour, Fanny n'arrête pas d'y penser. Un poulain ! Génial ! C'était vraiment son jour de chance, aujourd'hui ! Elle l'avait senti dès son réveil, et elle avait eu raison.

Assise sur la banquette arrière, elle sent des picotements lui parcourir le ventre. Quelle sensation délicieuse !

Un poulain, c'est tellement mignon. Bientôt, elle le verra se dresser sur ses longues jambes fragiles, et venir lui souffler dans la main. Et son pelage sera tout doux, ses naseaux tout délicats. Fanny s'y voit déjà : elle l'amènera se promener en le tenant par un petit licol, et au bout de quelque temps, il la suivra docilement, même sans être tenu. Elle lui donnera le biberon… le rêve ! Euh… mais non, pas de biberon ! Il pourra téter sa maman, bien sûr !

Sa maman… c'est bien là le problème ! Car soudain, Fanny pense à Nuage d'orage, la ponette pie et ses coups de sabots. Oups, finalement, ce ne sera peut-être pas si simple. Comment pourra-t-elle pénétrer dans le box pour s'occuper du poulain s'il lui faut passer à côté de cette ponette tout excitée ? Pourvu qu'elle s'habitue vite à son nouvel environnement ! Peut-être qu'elle retrouvera son calme ?

– Qu'est-ce qu'il vous arrive, demande soudain la maman de Marine : vous êtes muettes comme des carpes ! Racontez-moi plutôt votre promenade… c'était bien ?

– Oui, répond Marine en repoussant une mèche.

Fanny hoche la tête. Cette première promenade sous le soleil printanier lui a fait très plaisir, et à Zébulon aussi. Charlotte, elle, regarde par la vitre sans rien dire.

– Ça ne t'a pas plu, apparemment, constate Mme Joubert en jetant un regard à sa fille aînée.

– Pffff ! lâche Charlotte. Sans Marine, ça aurait été sympa.

– T'avais qu'à pas venir, siffle Marine. De toute façon, tu n'es venue que parce que David était là !

– Toi, la ferme, jette Charlotte.

– On se calme, intervient Mme Joubert, s'il vous plaît !

Ouf ! La voiture s'engage dans la rue de Fanny. Elle est contente d'être arrivée ! Parce qu'elle se sent d'excellente humeur, elle, et n'a aucune envie que Marine et Charlotte lui gâchent sa soirée avec leurs histoires. Comment peut-on s'intéresser à quelqu'un comme David alors qu'un poulain va bientôt naître dans l'écurie ?

Dès qu'elle pousse la porte d'entrée, Fanny entend la voix de sa mère :

– Tu arrives au bon moment ! Le dîner est prêt. Va te laver les mains, nous allons passer à table.

Papa est déjà installé. Plongé dans son journal, il prononce juste :

– Ça va, ma chérie ?

Comme il n'attend pas de réponse, Fanny peut continuer à penser tranquillement à « son » poulain : faudra-t-il le panser ? Curer ses petits sabots ? Ou faut-il attendre qu'il grandisse ? La prochaine fois, elle demandera des précisions à Mme Petit. Mardi prochain. Il faut qu'elle soit bien informée pour pouvoir s'occuper du poulain.

– Fanny ?

Hein ? Quoi ? Ses parents la regardent tous les deux. Le repas est servi, maman est assise à sa place et il semble que ce ne soit pas la première fois qu'elle l'appelle.

– Alors, Fanny… tu es dans la lune ? demande-t-elle.

– Pas dans la lune, rigole papa, mais à l'écurie, dans le box de Zébulon, n'est-ce pas ?

Zébulon ? Fanny n'y pensait même pas. Elle joue un peu avec sa fourchette.

– N-non, répond-elle sans conviction.

En fait, elle n'a pas très envie de parler, de raconter tout ce qu'il s'est passé aujourd'hui au club. Elle préférerait continuer à en rêver. À rêver du poulain, du printemps, des prés où elle pourra l'emmener se balader…

– Fanny ! reprend papa plus sérieusement. Reste avec nous ! Nous dînons ensemble, tout de même !

– Raconte, ajoute maman. C'était comment, au club, aujourd'hui ?

Fanny aimerait qu'on la laisse tranquille, elle est fatiguée. Si elle pouvait, elle mangerait rapidement et irait se glisser sous sa couette. La bouche pleine, elle articule :

– Un poulain ! On va avoir un poulain !

– Un poulain, répète papa en écarquillant les yeux. Comment ça, un poulain ? Pas chez nous, j'espère ?

Fanny lève la tête vers lui et éclate de rire. Il a de ces idées, son père !

– Bien sûr que non ! Pas nous ! C'est Nuage d'orage qui va avoir un poulain, à l'écurie !

– Ah bon, Nuage d'orage, s'exclame papa, soulagé, en se resservant.

Puis, tout à coup, il demande :

– Mais qui est Nuage d'orage, en fait ? Ce nom ne m'inspire pas confiance…

Et Fanny leur raconte tout : l'inquiétude qu'elle a éprouvée en voyant un van dans la cour, le nouveau poney de Mme Petit, le coup de sabots contre la paroi du box…

Maman l'interrompt et pose sa fourchette :

– Un coup de sabots ? Vraiment fort ?

Fanny la rassure comme elle peut :

– Mais, maman, ça arrive ! Tous les poneys font cela ! C'est normal !

– Tu trouves ça normal ? s'inquiète papa.

Fanny préfère continuer son récit sans s'attarder sur cet épisode. Elle parle de la reprise où tout le monde s'est appliqué et de la balade au soleil. Ses parents sont rassurés. Pour eux, s'occuper de poneys, c'est se promener au soleil !

« Heureusement que je ne leur ai pas raconté que Tambourin s'est emballé dans le manège ! Ils s'inquiètent vraiment pour un rien… », pense Fanny dans son lit.

Oui, heureusement que Fanny n'est plus une débutante ! C'est une vraie cavalière, maintenant ! Une cavalière qui n'a pas peur de l'orage et qui s'endort sans crainte.

8

Malheureusement, Fanny n'est pas aussi tranquille lorsqu'elle arrive au club le mardi suivant. Car Mme Petit lui a expliqué que certaines juments (et c'est la même chose pour les ponettes) sont de vraies mères poules. Elles veulent protéger leurs petits. Même contre ceux qui s'occupent d'elles. Il arrive que des poneys d'un naturel paisible se mettent tout d'un coup à mordre leurs soigneurs.

– Essayez d'habituer Nuage d'orage à votre présence, dit Mme Petit à Fanny et Robin. Comme ça, elle vous laissera peut-être approcher son poulain.

Les deux amis se placent devant le box et regardent la nouvelle ponette à travers les barreaux. Comment s'y prendre pour qu'elle leur fasse confiance? Ce n'est pas simple! Chaque fois que l'un d'entre eux passe la main à travers les barreaux pour la caresser, elle baisse les oreilles. Mauvais signe! Cela signifie clairement: «Laissez-moi tranquille!»

– Tu crois qu'on devrait entrer dans son box? demande Fanny à Robin. Elle pourrait mieux nous voir et nous sentir, non?

– Vas-y, toi, répond Robin. Moi je reste ici, et je te regarde.

– Trouillard, lui lance Fanny en poussant courageusement le loquet.

Elle sent son cœur battre à toute allure. Mme Petit ne lui aurait pas confié cette mission si elle courait un vrai danger, non?

Nuage d'orage l'observe attentivement. Fanny réfléchit: la ponette est peut-être méfiante parce qu'elle ne connaît pas encore toutes les personnes du club? Ou bien elle est vraiment méchante de nature et ne veut pas entendre parler de Fanny et Robin ?

À cet instant, Fanny sent son courage la quitter. Elle n'a plus qu'une idée en tête : faire demi-tour et sortir du box le plus vite possible. Mais elle est tellement pressée qu'elle trébuche en reculant. Nuage d'orage lève la tête, curieuse : « qu'est-ce qu'il lui prend, à cette fille ? », semble-t-elle demander. À tâtons, Fanny cherche la poignée de la porte derrière elle. Elle ne veut en aucun cas tourner le dos à un poney comme Nuage d'orage !

La ponette la regarde et dresse les oreilles. Fanny s'immobilise. Serait-ce sa chance ? Pour la première fois, Nuage d'orage n'a pas l'air inquiète. Intéressée, elle tend son museau vers Fanny et la renifle. « Comme pour dire bonjour », pense Fanny, qui s'efforce de rester calme pour ne pas montrer sa peur. Et ça marche ! Nuage d'orage fait quelques pas timides vers elle. Fanny a l'impression que son cœur va exploser. Elle tend lentement la main vers la

ponette, et murmure : « Bonjour Nuage d'Orage ! Brave petite ponette ! »

Fanny jette un coup d'œil vers Robin, toujours immobile derrière les barreaux du box. Il ne décroche pas un mot pour ne pas effrayer l'animal. Mais il lève imperceptiblement son pouce en signe de félicitation.

Fanny sourit et s'enhardit. Elle caresse le museau de la ponette qui se laisse faire.

– Incroyable, souffle Robin. Tu es vraiment la fille qui murmure à l'oreille des poneys !

– Qui murmure quoi ? demande soudain une voix claire dans son dos.

– Chut, Marine ! La nouvelle ponette ! Tu vas lui faire peur, gronde Robin.

Trop tard… Nuage d'orage a relevé la tête et reculé de quelques pas. Les oreilles en arrière, elle semble dire : « Va-t'en ! »

– Dommage, soupire Fanny en lançant un regard de reproche à Marine. Tu ne pouvais pas faire attention ?

– Je ne pouvais pas savoir ! se défend Marine. Je ne peux pas deviner tous vos petits secrets, non ? ajoute-t-elle en prenant sa voix de peste.

– Des secrets ? Quels secrets ? demande Robin, interloqué.

On voit bien qu'il se dit une fois de plus « ah, les filles, avec leurs histoires ! ». « C'est vrai, pense Fanny, Marine a tout gâché. » Mais elle s'abstient de la critiquer, parce qu'elle se souvient tout à coup qu'à chaque fois que Marine fait sa maline, comme ça, c'est qu'elle est un peu jalouse : elle aimerait bien être avec Fanny et Robin, mais n'ose pas le leur demander. À bien y réfléchir, Marine est en général une super copine, même si, parfois, elle est un peu pénible. Alors Fanny prend sur elle :

– On essaie d'habituer Nuage d'orage à notre présence, confie-t-elle. Tu veux nous aider ?

Robin ne s'y attendait pas. Il plonge les mains dans ses poches à la recherche d'un chewing-gum réconfortant. Il n'a pas l'air hyper réjoui de la proposition de Fanny. Mais Marine s'est radoucie :

– Bien sûr, répond-elle. Je suis désolée de l'avoir effrayée.

Robin est encore plus surpris. Si Marine s'excuse, c'est qu'elle n'est peut-être pas si bête ? Il propose à la ronde :

– Quelqu'un veut un chewing-gum ?

9

Fanny, Robin et Marine passent le reste de l'après-midi à essayer de mettre Nuage d'orage en confiance. Fanny est d'abord la seule à oser pénétrer dans le box, puis Robin la rejoint. À la fin, Nuage d'orage renifle même Marine à travers les barreaux du box. Si bien que Marine s'est glissée à l'intérieur, elle aussi.

Par contre, la provision de carottes y est passée ! En fin de journée, Nuage d'orage est moins timide et n'a plus du tout faim.

– Pourvu qu'elle nous reconnaisse, la prochaine fois, dit Fanny en montant dans la voiture de Mme Joubert, la mère de Marine.

– Ne t'inquiète pas, ça va marcher ! lui a répondu Robin avant de leur dire au revoir.

Sur le trajet du retour, Marine et Fanny n'ont pas arrêté de parler de Nuage d'orage et de son poney. Comme deux super copines qui s'entendent bien.

– En général, les poulains naissent la nuit, a déclaré Marine.

– Dommage, a soupiré Fanny, j'aimerais tellement être là !

C'est le moment que choisit Charlotte pour demander à sa mère si elle peut aller rendre visite à David chez lui le lendemain.

– Chez lui ? Mais pour quoi faire ? s'étonne Mme Joubert. Vous feriez mieux de partir en balade ou de vous occuper ensemble de vos chevaux, non ?

Charlotte explique que David veut juste lui montrer les coupes et les flots, ceux qu'il a gagnés en concours hippique avec sa magnifique jument blanche, Kariba.

– Ah bon, hésite sa mère, dans ce cas…

Sauf que Marine se penche vers l'avant pour s'en mêler :

– N'importe quoi ! Ce n'est pas ça, maman ! Ils veulent s'embrasser sur la bouche, à tous les coups !

Mme Joubert se retient de sourire. Charlotte se jette sur sa sœur et elles commencent à se battre par-dessus le siège, jusqu'à ce que leur mère se mette à crier pour qu'elles arrêtent. Sans ça, elle aurait fini par avoir un accident !

Fanny se contente de secouer la tête et passe le reste du trajet à regarder le paysage défiler par la fenêtre. Parce que Marine n'a plus envie de parler de Nuage d'orage. Visiblement, il est plus important pour elle d'essayer d'empêcher que sa sœur aille chez David. Incroyable !

Le jeudi suivant, comme tous les jeudis, Marine et Fanny sont à l'école. Tout à l'heure, Mme Joubert les conduira au club. Enfin ! Depuis des jours, Fanny ne pense qu'à ça : le poulain ! Et chaque fois qu'elle y pense, elle sent ses joues devenir rouges d'excitation. Ça se comprend ! Ce n'est pas tous les jours qu'un poulain naît ! Et quand en plus on est chargé de s'en occuper... Comment sera-t-il ? Pie, comme sa mère ? Ou tout noir ? Peut-être tout blanc ? Si cela se trouve, il sera baie ou alezan, comment le savoir ? Personne ne sait quelle est la robe de son père. Tout est possible !

– Tu rêves ? demande Juliette en rejoignant Fanny à la récréation.

– Oui, sourit Fanny. C'est parce qu'on va avoir un poulain, au club.

– C'est vrai ? s'exclame Juliette. Génial ! J'aimerais vraiment voir ça !

Marine les rejoint, et Juliette lui lance :

– Tu ne nous avais pas dit qu'un poulain allait naître au club ! Tu n'arrêtes pas de parler de ce David, là, mais tu oublies le plus important !

Fanny est stupéfaite. Quoi ? Marine parle de David à l'école ? Qu'est-ce qui lui prend ? Pourquoi est-ce si important ? Et pourquoi ne dit-elle rien à Fanny ?

C'est vrai que dimanche dernier, pendant la promenade, Marine était un peu bizarre. Toujours à vouloir monter à côté de David.

Et puis cette barrette dans ses cheveux... À tous les coups, c'était pour lui ! Marine foudroie Juliette du regard :

– Si j'avais su que tu raconterais ma vie à toute l'école, je ne t'aurais rien dit !

Mais Juliette n'est pas du genre à se laisser intimider :

– Si c'est un si grand secret, pourquoi écris-tu M+D= Amour sur tous tes cahiers ?

Marine rougit violemment et éclate :

– Tu la boucles, maintenant !

Ça fait «tilt» dans la tête de Fanny. Pas possible! Marine est amoureuse ! De David ! C'est pour ça qu'elle est bizarre et qu'elle n'arrête pas de se disputer avec Charlotte. «La pauvre, pense Fanny. Il est beaucoup trop grand pour elle ! Il la prend pour un bébé, à tous les coups. Qu'est-ce qu'elle s'imagine ! Elle est vraiment trop bête ! »

En remontant dans la classe, Fanny demande discrètement à Marine :

– Tu ne voulais pas que je le sache, c'est ça ?

Marine fait la grimace, avant de répondre d'un ton bourru :

– Tu trouves ça débile, non ? Tu ne t'intéresses qu'aux poneys, de toute façon.

Fanny hésite. C'est précisément ce qu'elle voulait dire à Marine : qu'elle trouve débile de tomber amoureuse d'un grand de seize ans. Surtout quand il y a plein de choses beaucoup plus passionnantes à faire au club, comme de s'occuper de Nuage d'orage et de son poulain ! Mais elle préfère se retenir de dire ça. Marine ne fait plus la crâneuse, elle a plutôt l'air malheureuse. « Euh », voilà tout ce que Fanny réussit à articuler pour l'instant. Puis elle prend son courage à deux mains et demande timidement :

– Tu es vraiment amoureuse de lui ?

Marine hoche la tête et la regarde, méfiante. Fanny ne peut pas y croire. Elle n'a jamais été amoureuse, elle. Sauf de Zébulon, mais ça ne compte pas vraiment. Elle chuchote à sa copine :

– Je ne le dirai à personne, tu peux me faire confiance.

– C'est vrai ? Même pas à Robin ?

– Promis, affirme Fanny.

Et pour la première fois de la journée, Marine sourit. Fanny lui rend son sourire. C'est chouette d'être amie avec Marine. Beaucoup mieux que de se disputer avec elle.

En rentrant chez elle, Fanny réfléchit. À l'amour. Aux gens qui se moquent. Aux poneys qui donnent des coups de sabots. Cela la fait sourire, car elle se rend compte que les poneys sont bien plus faciles à comprendre. Il suffit d'être patient, et de regarder leurs oreilles. Si elles sont couchées, cela signifie : « Gare à toi ! » et si elles sont dressées, « Approche ! Tu m'intéresses ! ». Dommage que les oreilles de Marine ne soient pas aussi expressives : on pourrait savoir du premier coup d'œil de quelle humeur elle est !

Cette idée l'amuse beaucoup : c'est drôle d'imaginer les oreilles de Marine bouger ! En arrivant à la maison, elle remarque à peine que sa mère a de la visite. Même au déjeuner, elle ne décroche pas un mot. Pourtant, Claire, la copine de maman est sympa. En plus, cette fois-ci, elle est venue seule : pas besoin de s'occuper de son bébé. Mais Fanny a trop de choses en tête.

Claire interroge maman du regard. Elle se demande si Fanny est devenue muette. Peut-être qu'elle ne la trouve pas très polie.

– Que veux-tu…, soupire maman. Il n'y a rien à faire. Fanny a une fièvre de cheval ! Ou plutôt, une fièvre de poulain ! Et tu sais que, quand on est malade, on n'est pas très bavard…

Claire n'a pas l'air de comprendre. Maman lui glisse dans un clin d'œil :

– Tu ne souffrais pas de la fièvre de cheval, quand tu étais petite ?

– Non ! dit Claire en reculant sa chaise. C'est contagieux ?

Claire et Maman éclatent de rire. Fanny hausse les épaules. Qu'est-ce que les adultes peuvent être bêtes, parfois !

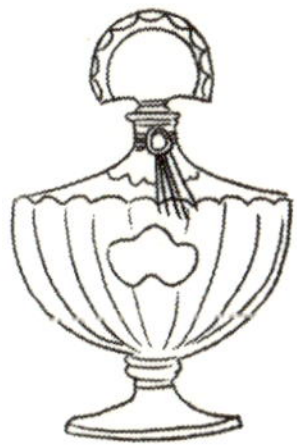

10

Lorsque la sonnette retentit dans l'entrée, Fanny bondit. Ce sont Marine, Charlotte et leur mère qui viennent la chercher ! En un clin d'œil, elle saisit son sac de sport et dévale les escaliers.

– Amuse-toi bien ! lui crient maman et Claire.

Fanny monte dans la voiture et lève le nez. Qu'est-ce que ça sent ? Elle renifle discrètement et regarde autour d'elle. Rien d'anormal. Marine et Charlotte portent leurs culottes de cheval et leurs bottes. À leurs pieds, elles ont déposé leurs sacs d'équitation, rien de plus. Pourtant, cela ne sent pas comme d'habitude. Un parfum sucré se mêle à l'odeur de cheval qui imprègne les affaires. Étrange et un peu fort. Fanny se penche légèrement vers Marine, qui fait comme si de rien n'était. Mais au même moment, au volant, Mme Joubert retrousse le nez.

– Que se passe-t-il, Fanny, demande-t-elle d'un air malicieux, aurais-tu renversé le parfum de ta mère ?

– Moi ? Pas du tout ! s'indigne Fanny.

Charlotte renifle bruyamment, comme écœurée :

– Je n'oserai jamais imposer une odeur pareille à Madison. Quelle puanteur ! Tous les poneys vont en avoir mal à la tête !

– N'importe quoi, intervient Marine, ça sent super bon !

– Ah bon, tu trouves ? réplique Charlotte, cinglante. Fais gaffe, Diabolo va avoir des quintes de toux ! Et ne crois pas que David soit attiré par les gamines de ton âge, qui se parfument comme des cocottes. Car c'est bien pour lui que tu as fait ça, n'est-ce pas ?

– T'es vraiment pénible, hurle Marine en tentant d'atteindre la tête de sa sœur de son poing. Je ne pue pas !

Mais cette fois, Mme Joubert se met en colère :

– J'en ai assez de ces disputes incessantes depuis quelques jours. Si vous ne changez pas d'attitude, vous allez devoir vous trouver un autre taxi pour aller au club ! Non mais, qu'est-ce qu'il vous arrive à la fin ?

Ce qu'il leur arrive ? Fanny a sa petite idée sur la question... Marine et Charlotte sont tombées amoureuses du même garçon... Malheur ! Et maintenant, elles sont jalouses l'une de l'autre et se crèpent le chignon. Voilà ce qu'il leur arrive.

Pour Fanny, cela reste un mystère : comment peut-on tomber amoureux alors que l'écurie est pleine de poneys et de chevaux merveilleux ?

– Dis donc, Marine, reprend Mme Joubert, ce ne serait pas mon parfum, justement ?

Marine préfère ne pas répondre et Fanny est soulagée d'arriver enfin au club. Elle aperçoit Robin près de la mare aux canards. Dès qu'il entend la voiture, il tourne la tête vers elle et se précipite. Sans attendre qu'elles soient descendues, il leur crie :

– C'est pour bientôt ! Ma mère et le vétérinaire en sont sûrs. Sans doute pour cette nuit.

– De quoi parles-tu, Robin ? demande Mme Joubert par la vitre.

– Mais de la naissance, bien sûr ! répondent en chœur Marine et Fanny. De la naissance du poulain !

Marine en oublie même son David. Mais sa mère, elle, n'a pas l'air d'avoir oublié son parfum…

– Viens par ici, Marine Joubert, dit-elle en prenant sa fille à part.

Robin attrape Fanny par la manche et l'entraîne un peu plus loin. Il chuchote, tout excité :

– Tu sais, ma mère a eu une idée.

Comme s'il n'osait pas continuer, il s'interrompt pour farfouiller dans sa poche. Il en sort un chewing-gum :

– Tu en veux ?

– Merci, répond Fanny en se servant.

Puis elle observe Robin tripoter son propre chewing-gum dans tous les sens avant de le mettre enfin dans sa bouche. À la fin, Fanny n'y tient plus :

– Alors ? C'est quoi, l'idée de ta mère ?

– Ben, euh, hésite Robin, en fait, peut-être que tu ne voudras pas, mais…

Fanny le regarde avec curiosité. Il poursuit en déballant un deuxième chewing-gum :

– Ou peut-être que tu n'auras pas la permission, mais…

Entre-temps, il a tellement de chewing-gum dans la bouche qu'il a du mal à articuler. Fanny commence à en avoir assez :

– De quoi tu parles, à la fin ?

– Ben, de dormir dans l'écurie ! lâche Robin. Pour ne pas louper la naissance !

Fanny manque de tomber sur le sol. Dormir dans l'écurie ? Assister à la naissance ? Et Robin qui croit qu'elle ne voudra pas ! Il est fou !

– Oh !

Voilà tout ce que Fanny arrive à répondre.

– Alors, tu veux bien ? la presse Robin.

Fanny hoche la tête énergiquement, sans rien dire. Ses yeux brillent. Qui refuserait une telle proposition ? Robin la regarde en souriant. Sans y penser, il tire même un chewing-gum supplémentaire de sa poche. Il a l'air super content et très gêné à la fois. Après un silence, il reprend :

– Cool ! Ben c'est d'accord, alors.

« Oups ! Il faudrait peut-être demander aux parents », pense tout à coup Fanny. « Et ils ne vont sûrement pas comprendre que ce qu'il pouvait m'arriver de mieux, c'est que l'on me propose de dormir dans une écurie… » Elle soupire avant de demander :

– Robin, je peux téléphoner à mes parents ? Je ne sais pas s'ils seront d'accord.

– Bien sûr, répond son ami. Ma mère peut leur parler même, si tu préfères. Ça va sûrement marcher !

Fanny sourit. Robin est vraiment sympa. Et papa et maman aussi !

– Je comprends, lui dit sa mère au téléphone. Tu ne peux pas rater un événement pareil !

Fanny n'est pas tout à fait sûre que maman se rende vraiment compte de la chance qu'elle a. Mais à ce moment, elle trouve qu'il n'existe aucune maman plus gentille que la sienne. Et tant pis si elle ne sait pas faire la différence entre un poulain et un poney shetland !

– Nous avons suffisamment de duvets à la maison, ajoute Mme Petit. Ta mère n'a pas besoin de t'apporter des affaires supplémentaires, on se débrouillera.

C'est réglé ! Fanny reste ici cette nuit ! Juste au moment où elle saute de joie en criant « Youhou ! », Marine entrouvre timidement la porte :

– Ah, vous voilà ! Je vous cherchais.

Fanny a tout de suite mauvaise conscience. Ils auraient peut-être dû demander à Marine si elle ne voulait pas passer la nuit avec eux, non ? Robin a l'air de penser la même chose. Même Mme Petit est pensive. Elle se décide :

– Dis donc, Marine, aurais-tu envie de dormir dans l'écurie cette nuit, toi aussi ?

– Pour assister à la naissance ? demande Marine.

Mme Petit hoche la tête et Marine réfléchit quelques instants.

« A-t-on besoin de réfléchir pour répondre à une telle question ? », pense Fanny. Mais Marine reprend :

– Non merci, j'ai déjà vu ce genre de choses à la télévision. De toute façon, ce soir, je ne peux pas. Je reçois de la visite.

– Ne dis pas n'importe quoi, s'écrie tout à coup une voix.

Charlotte vient de pénétrer dans la maison à son tour.

– David ne vient pas te rendre visite à toi, mais à moi. C'est bien clair ?

– On verra bien, réplique Marine.

« Qu'elles sont bêtes ! », se dit Fanny. Comment peut-on se disputer pour un garçon ? Elle fait un signe discret à Robin qui comprend immédiatement. Sans un mot, ils se glissent hors de la maison. De la cour, ils entendent encore la mère de Robin :

– Il y a une drôle d'odeur… C'est toi, Marine, qui sens aussi fort le parfum ?

Robin et Fanny éclatent de rire et filent vers l'écurie. Parfois, Marine est vraiment bizarre !

11

Emmitouflée dans un duvet, dans le box à côté de celui de Nuage d'orage, Fanny trouve que la paille est très confortable. Elle se sent presque comme dans son lit ! En beaucoup plus amusant, bien sûr.

Robin et elle ont réparti une belle couche de paille fraîche dans le box. Puis chacun a étalé une épaisse couverture de cheval dessus, pour éviter que les brins de paille ne les piquent. Enfin, ils se sont glissés dans leurs duvets.

Robin est à quelques mètres de Fanny. Le

duvet remonté jusqu'au menton, il sourit à son amie.

« Marine ne sait pas ce qu'elle perd » se dit Fanny, en humant l'odeur de paille et de cheval. « Cette nuit va être incroyable ! »

– Tu n'as pas froid ? s'inquiète Robin.

– Non, ça va ! répond Fanny.

Elle entend Nuage d'orage s'ébrouer dans le box d'à côté. La ponette s'approche des barreaux, passe son museau et observe tout étonnée le campement de Fanny et Robin.

« Ils exagèrent, semble-t-elle penser, maintenant, ils veulent même avoir leur propre box... »

La petite ponette pie paraît calme et confiante. Les oreilles dressées en avant, elle regarde les deux enfants. Fanny a envie de se lever pour aller lui chercher quelques carottes. Depuis le premier jour, Nuage d'orage n'a plus jamais botté. Et elle adore les carottes... Mais Mme Petit leur a demandé de rester prudents. On ne sait jamais. Ce soir, il ne faut plus qu'ils pénètrent dans son box en tout cas. La ponette a besoin d'être tranquille avant la naissance.

« Ça se comprend, songe Fanny. Personne n'aimerait avoir un bébé sous les yeux de tous ! »

Elle préfère faire semblant de dormir. Allongé, dans son duvet, elle ferme les yeux et elle sourit. Elle ne peut pas s'en empêcher : c'est tellement bien d'être là, dans la paille, la nuit.

Puis elle jette un regard à Robin. Lui aussi, il fait semblant de dormir. Enfin presque ! Il a un œil bien fermé, et de l'autre, il la regarde et lui adresse un grand sourire.

De l'autre côté de la paroi, Nuage d'orage fait des allers-retours. Elle n'arrête pas de marcher.

– Tu crois qu'elle s'ennuie ? chuchote Fanny à Robin.

Robin secoue la tête :

– Pas du tout ! Elle a certainement des contractions. Elle essaie de faire passer la douleur en tournant et retournant dans son box.

Fanny est surprise. Elle sait ce que sont les contractions. Il n'y a pas longtemps, sa mère lui a raconté sa naissance : les contractions qu'elle a eues, qui annonçaient l'arrivée du bébé.

« C'est la même chose pour les poneys, a expliqué Mme Petit. Et quand cela commence, il n'y en a plus pour longtemps. »

Ce que Fanny trouve étonnant, c'est que Nuage d'orage ne se plaint pas. On dirait qu'elle n'a pas mal. Elle ne respire même pas bruyamment. Alors que la mère de Fanny a raconté qu'elle avait mal, qu'elle avait soufflé et même crié pour éloigner la douleur, même si c'était un moment merveilleux.

– Tu es sûr ? Si elle avait des contractions, on l'entendrait, non ? murmure Fanny.

– Mais non, reprend Robin. Tu pourrais lui couper une jambe, elle ne crierait pas ! Les chevaux n'expriment pas la douleur. Le seul signe, c'est qu'ils laissent pendre leur tête et se mettent à respirer bizarrement. Mais c'est tout.

– Ah bon ? s'étonne Fanny en tendant l'oreille.

– On ferait mieux de dormir un peu, conseille Robin. Ça peut durer encore des heures ! On sera sûrement réveillés par l'arrivée du poney.

Dormir ? Impossible ! Fanny est tellement excitée et tellement heureuse d'être là qu'elle veut en savourer chaque seconde. Elle dormira plus tard, elle a toute la vie pour ça !

Robin n'a pas l'air d'être de cet avis : au bout de quelques minutes, elle entend un léger ronflement, très régulier. Alors que Nuage d'orage est de plus en plus agitée dans son box. « Elle non plus, elle ne va pas dormir de la nuit », se dit Fanny.

Puis elle pense à Marine. S'est-elle disputée avec sa grande sœur ? Et puis d'abord, est-ce que David avait envie de la voir ? Ce n'est pas sûr ! À tous les coups, il préfère passer du temps avec Charlotte. Marine est bien trop petite pour lui !

Fanny a de la peine pour Marine : c'est

sûr, elle passe une mauvaise soirée. Et même si ce n'était pas le cas, ça n'aurait rien à voir avec une nuit aussi exceptionnelle que celle-ci.

Perdue dans ses pensées, Fanny a bien dû finir par s'endormir. Car la seule chose dont elle se souvienne ensuite, c'est d'avoir perçu un bruit sourd. Pas très fort, juste comme si quelque chose était doucement tombé sur le sol. Puis elle entend le bruissement de la paille : Nuage d'orage devait être couchée et se relève.

Fanny s'assoit d'un coup :

– Robin ! Robin ! Réveille-toi !

– Hein ? Quoi ? marmonne Robin tout endormi.

En trois mouvements, Fanny s'est redressée dans son duvet et tente d'atteindre la cloison du box en sautant. Le cœur battant, elle jette un œil dans le box de Nuage d'orage. Elle n'arrive pas à y croire !

Dans la paille, au milieu du box, elle voit un paquet humide, recouvert d'une membrane blanchâtre. Nuage d'orage est penchée au-dessus et le lèche. Peu à peu, elle enlève la pellicule blanche. Des poils noirs apparaissent. Fanny ne peut pas se retenir, elle laisse échapper un « Oooooh ! » émerveillé. Nuage d'orage lève la tête et la regarde attentivement. Puis, rassurée, elle continue de lécher son poulain. Jusqu'à ce que tout le pelage soit sec.

Robin la rejoint enfin derrière les barreaux :

– C'est dingue, non ? Vraiment dingue ! chuchote-t-il dans un grand sourire.

– C'est un miracle, tu veux dire, murmure Fanny. Un poulain ! Un tout petit poulain adorable qui n'était pas là hier !

En silence, ils continuent de regarder Nuage d'orage lécher son poulain. De temps à autre, elle lui donne un petit coup de museau : « pour l'encourager à se lever », explique Robin.

Puis ils finissent par courir à la maison de Robin pour prévenir Mme Petit :

– Elle va être super contente ! Tout s'est bien passé !

12

Le lendemain matin, Fanny se réveille avec des brins de paille dans les cheveux. Ça pique ! Au début, elle ne sait pas très bien où elle est. Elle se frotte les yeux, regarde autour d'elle, voit Robin allongé à côté et… ça y est ! Elle se rappelle tout ! Nuage d'orage ! Son poulain ! La naissance !

Elle se souvient qu'au beau milieu de la nuit, ils sont allés réveiller Mme Petit qui était soulagée d'apprendre que tout s'était bien passé. Elle se souvient de Nuage d'orage, qui a léché son poulain pendant longtemps. Et comment le petit a fini par essayer de se mettre debout sur ses longues jambes. Il y est arrivé : maladroitement dressé sur ses quatre jambes, il regardait de tous les côtés, inquiet.

Pendant un bon moment, personne ne disait rien. Ils observaient en silence la ponette pie. Fanny était parcourue de frissons délicieux, tant elle était heureuse d'être là. Cette nuit-là, elle a eu tellement d'émotions qu'elle s'en souviendra toute sa vie.

Quand le poulain a enfin commencé à téter, Mme Petit a poussé un soupir de soulagement.

– Tant mieux ! J'étais inquiète parce que, souvent, les juments n'ont pas de lait aussitôt après avoir mis bas. Surtout quand c'est leur premier poulain.

Au bout d'un moment, Fanny et Robin étaient tellement épuisés qu'ils n'arrivaient pas à garder leurs yeux ouverts. Heureusement que leurs duvets étaient à deux mètres ! Fanny ne sait plus comment elle s'est retrouvée allongée sur la couverture, dans la paille, bien au chaud.

En se réveillant, elle se souvient pourtant que Mme Petit voulait appeler le vétérinaire à la première heure.

Il faut qu'il examine le poulain et sa mère, par précaution, et qu'il vaccine le petit. Fanny ne veut pas manquer ça. Elle regarde dans le box d'à côté : personne. Nuage d'orage mange tranquillement du foin, son poulain tout contre elle. Fanny est tout émue ! Comment peut-on tomber amoureuse d'un garçon comme David alors qu'on peut consacrer tout son temps à quelque chose d'aussi mignon que ce petit poulain ?

Le poulain l'a remarquée. Il se cache tout de suite derrière sa mère. Au bout de quelques secondes, il pointe sa petite tête noire et lui jette des regards furtifs.

« C'est un petit coquin ! », pense Fanny.

À ce moment, la porte de l'écurie s'ouvre brusquement, et Marine fait irruption dans l'allée. Le poulain sursaute et se réfugie derrière sa mère.

– Chut, Marine ! lui reproche Fanny. D'où viens-tu ?

– Maman m'a amenée avant le petit déjeuner, raconte celle-ci, tout essoufflée. Je voulais absolument savoir ce que c'était !

– Ce que c'était ? Ben un poulain, pardi ! Tu croyais que ce serait un bébé kangourou ou quoi ?

– Ha ha ha, se moque Marine, très très drôle. Mais non ! Si c'est un mâle ou une femelle, bien sûr !

– Ah, d'accord, reprend Fanny. C'est un mâle, un petit mâle tout noir. Regarde !

Le poulain passe justement sa tête derrière sa mère pour regarder les deux filles. Marine remarque :

– Il n'est pas complètement noir, regarde !

Elle a raison. Son postérieur droit est tout blanc. Et une fine ligne blanche relie son front à son museau.

– Inhabituel, reprend Marine. D'habitude, les marques comme ça sont plus larges et plus franches.

– C'est vrai, ajoute la voix de Robin derrière elle. On dirait un éclair !

– Exact ! commente Fanny tout excitée.

On n'a qu'à l'appeler « Petit Éclair », qu'en pensez-vous ? C'est un nom indien qui va très bien avec Nuage d'orage, non ?

– Pas mal, pas mal, acquiesce Robin.

Même Marine semble d'accord pour une fois. Elle ne quitte pas le poulain du regard :

– Il est adorable ! Regardez !

Mme Petit pénètre à son tour dans l'écurie, accompagnée du vétérinaire.

– Tiens, bonjour Marine ! Déjà debout ?

Marine hoche la tête, gênée. Et pendant que le vétérinaire commence à examiner les animaux, elle se met à chuchoter des choses à l'oreille de Fanny.

Elle raconte qu'elle s'en est beaucoup voulu de ne pas être restée ici pour passer la nuit dans l'écurie avec eux. Et que David et Charlotte n'ont vraiment pas été sympas avec elle hier soir. Et qu'en fait David n'est pas aussi sympa qu'elle le pensait. Et qu'elle aimerait bien être baby-sitter de poulain, comme Fanny et Robin.

En disant tout cela, elle a vraiment l'air super triste.

Fanny se dit que Marine est parfois une super copine. Une copine qui sait reconnaître ses erreurs. Marine lui fait vraiment de la peine.

Elle passe son bras autour de ses épaules et lui chuchote à son tour :

– Il n'y a pas de problème : toi aussi, tu peux être la baby-sitter de Petit Éclair.

– C'est vrai ? demande Marine timidement. Mais Robin et toi, vous l'êtes déjà !

– Pas grave, réplique Fanny. Un petit étalon comme ça a besoin de beaucoup de soins. Trois baby-sitters ne seront pas de trop, crois-moi !

Le visage de Marine s'éclaire. Elle a l'air soulagée et questionne encore :

– Tu crois que Robin va être d'accord ?

– De quoi ? de quoi ? demande Robin en entendant son prénom. Vous voulez un chewing-gum, c'est ça ?

– T'es grave ! rigole Fanny, on n'a même pas pris le petit déjeuner !

Elle tripote un peu ses couettes avant d'ajouter :

– Ça te dérange, si Marine s'occupe du poulain avec nous ?

– Pourquoi ça me dérangerait ? répond Robin. Tant qu'elle n'a pas un parfum bizarre…

Marine rougit et regarde ses pieds. La honte, cette histoire de parfum… tout le monde s'en est rendu compte !

Robin éclate de rire :

– Aujourd'hui, tu sens tout à fait normalement, en tout cas !

Marine esquisse un sourire à son tour.

– Bien. Vous pouvez rentrer doucement dans le box, intervient le vétérinaire. Je crois que le poulain aimerait bien qu'on le caresse un peu. À moins que vous n'en ayez pas envie…

Pas envie ? C'est une blague ! Lentement, Fanny, Robin et Marine s'avancent dans le box, et caressent à tour de rôle le poulain. C'est tout doux ! Prudent, le vétérinaire retient Nuage d'orage par le licol.

Ça pourrait durer des heures ! Mais Mme Petit revient :

– Le petit déjeuner des baby-sitters de poulain est prêt. Vous avez faim ?

Ça oui ! Ils ont faim et courent tous les trois jusqu'à la maison de Robin. Un festin les attend. Car il faut prendre des forces pour la journée qui les attend : faire les box, panser les poneys, monter, et surtout caresser le poulain ! Ils ont aussi beaucoup de choses à apprendre sur lui : comment s'occupe-t-on d'un tout jeune poney comme ça, et tout et tout.

Fanny meurt d'impatience. Elle se demande si Petit Éclair a hérité du caractère de tonnerre de sa mère !

Fanny au poney-club

1. Une nouvelle inespérée
2. L'affaire des éperons
3. La leçon de poney
4. La grande course de l'automne

Imprimé en Espagne
par Novoprint